THÈSE

POUR LA LICENCE

IMPRIMERIE DE Vᵉ SENS ET PAUL SAVY,

RUE SAINT-ROME, 4.

—

1854

A MON PÈRE.

THÈSE

POUR LA LICENCE,

EN EXÉCUTION DE L'ART. IV, TITRE II, DE LA LOI DU 22 VENTOSE, AN XII.

SOUTENUE

PAR M. CAMBOULIU (François-Romain),

NÉ A PALALDA (Pyrénées-Orientales).

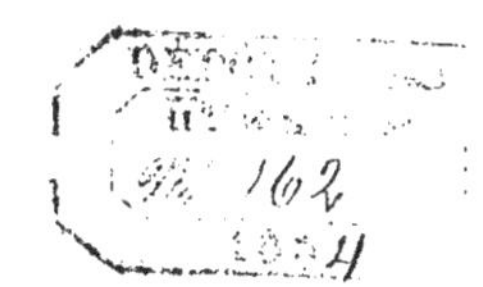

JUS ROMANUM.

INSTIT. LIV. III, TIT. XXVIII.

De obligationibus quasi ex contractu.

I.

Juris illud vinculum quo necessitate adstringimur alicujus rei solvendæ, quodque Romani prudentes obligationem nuncupave-

runt secundum eorumdem antiquissimum jus duobus tantum ex
fontibus oriebatur ; ex contractu scilicet, aut ex delicto. Sed post-
quam, ratione invalescente, priscam illam civitatis asperitatem
mollescere cœpit, tum novæ obligationum causæ introductæ
sunt, hand minori vi atque firmitate quam si ex verteri jure
oriundæ extitissent. Plane enim intellectum est fieri posse multis
in rebus, ut ex contractu delicto que omni liberi quum simus,
jure tamen naturali teneamur et aliquid ex æquo et bono debea-
mus. Hinc aliud obligationum genus, quod a Gaio *proprio quodam
jure*, a Justiniano vero *quasi ex contractu* et *quasi ex delicto* natum
dicitur.

II.

Sed, ut de quasi ex contractu obligationibus hic tantum disse-
ramus, sæpe quæsitum est cur eo nomine a juris peritis fuerint
appellatæ ? Quænam rerum affinitas, hanc quoque nominum simi-
litudinem genuerit? Et placuit nonnullis, nihil aliud inter hæc
duo obligationum genera commune, nisi quod ex utraque parte
eædem fere actiones nascantur.

Alii autem censuerunt hanc ipsam actionum communitatem
inter res ipsas quamdam propinquitatem demonstrare : quorum
quidem sententiam, etsi pauciores numero habeat auctores, po-
tius tamen quam contrariam probandam esse arbitramur.

III.

Duo potissimum in contractu nobis videntur consideranda : pri-
mum contrahentium consensus, sine quo contractus esse non
potest, deinde causæ cur contrahatur. Ut enim ex contractu obli-
gatio fit, ita ex certis causis proficiscitur ipse contractus : quæ
quidem causæ aut ad communem contrahentium utilitatem, aut

ad quamdam alterius in alterum benevolentiam , plerumque referri possunt. At in iis quæ dicuntur quasi ex contractu obligationibus, consensus quidem deest , causæ vero quæ homines ad consentiendum aducere solent , fere nunquam desunt. Adeo ut dici possit , obligationes quæ quasi ex contractu fiunt , ex vero justoque contractu futuras fuisse , si datum esset tempus aptum et locus et occasio. Quam ad rem respicientes jurisperiti , potiusquam aliâ quâlibet mente , nomen illud *quasi ex contractu* mihi videntur effinxisse.

IV.

Cæterum , ne circa nomina diutiùs commoremur , satis intelligitur ex his quæ supra dicta sunt, in eo differre obligationes quasi ex contractu , ab obligationibus ex contractu, quod aliæ cum consensu fiant, aliæ verò sine consensu. Unde sequitur ut et ignorantes , et furiosi , et pupilli ipsi eo vinculo nonnunquam teneantur. Ex delicto autem aut *quasi ex delicto* tantum differunt , quantum *licitum* et *honestum* ab *illicito* atque *inhonesto*. Harum enim dum principium et fons semper in re moribus legibusque comprobatâ, illis contra nunquam locus est , nisi quum quis aliquid deliquerit.

V.

Sed in hoc obligationum ordine quinque species a Justiniano connumerantur :

Negotiorum gestio ,

Tutelæ administratio ,

Rei communio,

Hæreditatis acquisitio ,

Indebiti solutio ,

De quibus singulis breviter hic sumus dicturi.

VI.

De negotiorum gestione quatuor potissimum notanda sunt :

1° Locus est huic obligationis generi, « cum quis absentis sine mandato negotia gesserit. »

2° Directa competit actio domino rei gestæ, gestori autem contraria.

3° Tenetur gestor ad exactissimam diligentiam, exceptis fortuito casu vique majore ; dominus autem rei de impensis utilibus.

4° Receptum est hoc jus utilitatis causa, ne absentium negotia desererentur.

VII.

Ex tutelæ administratione duo quoque oriuntur actiones ; pupillo directa adversus tutorem ut is administrationis rationem reddat, tutori autem contraria, ut si quid impenderit in rem pupilli repetere possit. Quæ quidum actio quum sub jure pandectarum perpetua esset, jure novo decretum est ut triginta annorum prescriptione extingueretur. Tenetur autem tutor ad talem tantum diligentiam, qualem pater familias propriis rebus adhibere solet.

VIII.

Tertia erat obligationum quasi ex contractu species, rei communio. Quæ quidem fit cum inter aliquos communis res sit sine societate. Si unus ex ea re fructus perceperit, tenetur erga cæteros judicio de communi dividendo. Et contra si quis necessarias in re communi fecerit impensas, socios omnes erga se obligat, etsi nullus antea fuerit contractus.

Quanquam necessarias tantum impensas scripserit Justinianus,
tamen quum nonnullæ extent leges in quibus uno atque eodem verbo
necessariæ utiles que comprehendantur impensæ, has quoque et
ipse admisisse in suo titulo videtur interpretandum.

IX.

Idem juris est de eo qui cohæredi familiæ erciscundæ judicio ex
his causis obligatus est.

X.

Obligati etiam intelligitur quasi ex contractu hæres legatariis.
Maximi referebat in prisco jure quânam formulâ legata constitua
essent, justinianus vero (L. ii, tit. xx, 2). « Disposuit ut omnibus
legatis una esset natura, et permisit legatariis id persequi, non
solum per actiones personales, sed etiam per in rem et hypotheca-
riam. »

XI.

Debere denique quasi ex contractu videtur, is cui quis per erro-
rem non debitum solvit, *condictioneque* tenetur perinde ac si mu-
tuum accepisset. Et est tamen in hàc obligationis specie, quum
soluta res repeti non possit.

1° In iis causis in quibus inficiando lis crescit.

2° Si quis hæres legatum sacrosanctis Ecclesiis, cœteris que ve-
nerabilibus locis relictum quanquam indebitum solverit. Habentur
autem, præter Ecclesias, in locorum venerabilium numero, Mo-
nasteria, Gerontocomia, etc. (Cod. L. i, t. ii, 23.)

XII.

Quum actiones omnes in duas species dividantur, bonæ fidei scilicet, et stricti juris, omne illæ quas enumeravimus, bonæ fidei sunt, ut ex multis locis colligere licet et præsertim ex Instit. L. IV, T. VI, 28. Quod quidem minime mirum, quum totum jus illud obligationum quasi ex contractu, eamdem speciem præbeat. Permittitur itaque judici in his causis ex æquo et bono æstimare quantum actori restitui debeat.

CODE NAPOLÉON.

Du bénéfice d'inventaire et de la séparation des patrimoines comparés
(Art. 793-810 , 878-881 , 2111-2113).

I.

Au moment de l'ouverture d'une succession , l'héritier saisi a la faculté ou de renoncer à cette succession, ou de l'accepter purement et simplement , ou bien encore de ne l'accepter que sous bénéfice d'inventaire. S'il renonce, il est censé n'avoir jamais été héritier ; s'il accepte purement et simplement , il est tenu de toutes les dettes et charges de la succession ; enfin , s'il accepte sous bénéfice d'inventaire , il n'est tenu de ces dettes que jusqu'à concurrence de son émolument. Nous allons exposer successivement : 1° quelles sont les conditions et formalités à remplir pour acquérir la qualité d'héritier bénéficiaire ; 2° les droits et avantages attachés à cette qualité ; 3° les obligations qu'elle entraîne ; 4° enfin , les cas dans lesquels la loi elle-même impose à l'héritier ce mode d'acceptation.

II.

*Conditions à remplir pour acquérir la qualité d'héritier
bénéficiaire.*

Quatre conditions paraissent indispensables , d'après le Code ,
pour acquérir la qualité d'héritier bénéficiaire.

1° Déclarer au greffe du Tribunal de première instance , dans
l'arrondissement duquel la succession s'est ouverte , qu'on
ne prend la qualité d'héritier que sous bénéfice d'inventaire.
(Art. 793) ;

2° Dresser un inventaire fidèle et exact des biens de la succession , dans les formes réglées par les lois sur la procédure
(794) ;

3° S'abstenir de tout acte emportant acceptation tacite d'hérédité (800) , avant le moment de l'acceptation formelle ;

4° Enfin , ne rien omettre sciemment et de mauvaise foi dans
l'inventaire des effets de la succession (801).

Les motifs de ces dispositions sont faciles à saisir. D'abord , il
est nécessaire que toute la publicité possible soit donnée à l'acceptation sous bénéfice d'inventaire , afin que les créanciers soient
avertis qu'ils ne seront payés que jusqu'à concurrence des biens
de la succession. Il n'importe pas moins à ces mêmes créanciers
qu'il soit dressé un inventaire exact et fidèle , tant afin de savoir
au juste dans quelle mesure la succession peut faire face aux
créances dont elle est grevée, que pour empêcher qu'on ne puisse
en rien divertir à leur détriment. Quant à l'héritier , il est évident
que du moment où il a agi en cette qualité , ou qu'il a omis quel-

que chose sur l'inventaire, la loi doit le déclarer héritier pur et simple, non-seulement pour le punir de sa mauvaise foi, mais encore pour éviter les contestations qui naîtraient de l'appréciation contradictoire de ses actes ou de ses omissions.

III.

Remarque sur les quatre conditions ci-dessus énoncées.

1o Parmi les quatre conditions que nous venons d'énumérer, les deux dernières présentent ceci de particulier, que non-seulement elles empêchent qu'on ne puisse acquérir la qualité de bénéficiaire, lorsqu'il est constaté avant l'acceptation qu'elles ont cessé d'être remplies, mais encore qu'elles font perdre cette qualité à quelque moment qu'on puisse prouver contre l'héritier bénéficiaire, soit son immixtion dans les affaires de la succession avant les délais voulus, soit l'inexactitude ou l'infidélité de l'inventaire. Du reste, il faut remarquer que les actes purement conservatoires (779), ou même la vente de certains objets avec permission du juge et dans les formes voulues (796), ne sont point considérées comme des actes d'adition d'hérédité,

2o La loi n'abandonne pas à l'arbitraire de l'héritier l'époque à laquelle doivent être faits et l'inventaire et la déclaration. Cette double formalité doit être remplie dans le délai de trois mois à partir du jour où la succession s'est ouverte (795). Quarante jours sont accordés, en outre, à l'héritier pour délibérer sur son acceptation ou sa renonciation. Ces délais peuvent d'ailleurs être prolongés par le tribunal saisi de la contestation, sur la demande de l'héritier, en cas de poursuite de la part des créanciers de la succession. Que si, par hasard, il n'y avait point de poursuite dirigée contre la succession, l'héritier aurait pour faire inventaire et se déterminer, non pas trois mois et quarante jours, mais trente ans, cette faculté ne se prescrivant que par le laps de temps requis pour la prescription la plus longue des droits immobiliers (789) ;

3° Les frais légitimement faits par l'héritier qui renonce , dans le délai légal , restent à la charge de la succession (799). Il en est de même de ceux qu'il aurait faits durant le délai accordé par le tribunal , s'il peut prouver qu'il a été contraint de demander ce délai par suite de circonstances indépendantes de sa volonté (799).

IV.

Droits et avantages attachés à la qualité d'héritier bénéficiaire.

Les droits et avantages attachés à la qualité d'héritier bénéficiaire sont énumérés dans l'article 802. Ils consistent pour cet héritier :

A n'être pas tenu du paiement des dettes et charges de la succession au-delà de la valeur des biens dont elle se compose ;

2° A pouvoir se décharger du paiement des dettes et de l'administration des biens de la succession , en abandonnant ces biens aux créanciers et aux légataires ;

3° A ne pas confondre ses biens personnels avec ceux de la succession ;

4° A conserver contre elle le droit de réclamer le paiement de ses créances.

L'acceptation pure et simple d'une succession en conférant à l'héritier la propriété de tous les biens , droits et actions du défunt , lui impose en même temps l'obligation d'acquitter toutes ses charges (724). Il s'opère une sorte de confusion, non-seulement entre les patrimoines du défunt et de l'héritier , mais encore entre leurs personnes. Le vif est saisi par le mort et le continue.

Il n'y a plus désormais aucune distinction , ni entre les deux patrimoines , ni entre les créanciers et les débiteurs du défunt et ceux de l'héritier. En sorte que l'acceptation pure et simple d'une succession peut fort bien être une cause de ruine pour l'acceptant, bien loin de l'enrichir. L'acceptation sous bénéfice d'inventaire a pour principal effet de soustraire l'héritier à cette éventualité. Ses biens ne se confondant pas avec ceux de la succession, ils ne seront jamais entamés, lors même que les dettes laissées par le défunt dépasseraient considérablement son actif. L'héritier peut bien ne retirer aucun profit de la succession qui lui est échue ; mais du moins il n'y perdra rien, pour peu qu'il ait su prendre les précautions indiquées par la loi.

<h2 style="text-align:center">V.</h2>

Obligations de l'héritier bénéficiaire.

« En accordant à l'héritier bénéficiaire les avantages attachés au bénéficiaire d'inventaire, la loi lui impose, d'un autre côté, différentes obligations destinées à garantir les intérêts des créanciers et des légataires », car s'il est de toute équité de le mettre à l'abri de toute chance défavorable dans son acceptation, il n'est pas moins juste de sauvegarder contre lui les droits des tiers, et de ne pas permettre qu'il s'enrichisse à leurs dépens. Ainsi :

1° L'héritier bénéficiaire est chargé d'administrer les biens de la succession et doit rendre compte de son administration aux créanciers et aux légataires, sous peine d'être contraint sur ses biens personnels (803) ;

2° Il est responsable de sa gestion, comme tout autre mandataire. Toutefois, il n'est tenu que des fautes graves et qu'un habile administrateur n'aurait pas dû commettre (814) ;

3° Il est tenu, si les créanciers l'exigent, de donner caution bonne et valable de la valeur du mobilier compris dans l'inventaire, et de la portion du prix des immeubles qu'il a pu

vendre (806) , et qui n'a pas été déléguée aux créanciers hypo-
técaires (807) ;

4° Il est chargé de payer les créanciers et les légataires , à
mesure qu'ils se présentent , ou dans l'ordre réglé par le juge ,
selon qu'il y a ou qu'il n'y a pas de créanciers opposants.

VI.

Circonstances dans lesquelles la loi déclare obligatoire le bénéfice
d'inventaire.

En règle générale , l'héritier saisi d'une succession est libre
d'adopter le mode d'acceptation qui lui paraît le plus convenable.
Le bénéfice d'inventaire est une pure faculté que la loi met à sa
disposition , mais dont il peut user ou ne pas user. Le droit com-
mun est-même que l'héritier , qui continue la personne du défunt , et qui succède à tous ses droits , soit tenu de toutes les
dettes et charges qu'il a laissées. Toutefois « il est des cas excep-
tionnels dans lesquels l'acceptation bénéficiaire est obligatoire, en
ce sens que l'hérédité , si elle est acceptée , ne peut l'être que
sous bénéfice d'inventaire. » Ainsi :

1° Le tuteur ne peut accepter ni répudier une succession échue
au mineur , sans une autorisation préalable du conseil de famille.
L'acceptation n'aura lieu que sous bénéfice d'inventaire (461) ;

2° Lorsque les héritiers de celui à qui une succession était échue
et qui est mort sans l'avoir acceptée ni répudiée , ne sont pas
d'accord sur le parti à prendre à cet égard , cette succession doit
encore être acceptée sous bénéfice d'inventaire (782).

Cette double restriction apportée par la loi à la liberté d'u-
ser ou de ne pas user du bénéfice d'inventaire , s'explique très-
facilement , dans le premier cas , par la sollicitude toute par-
ticulière que méritent les intérêts du mineur ; dans le second ,

par la nécessité de couper court à des contestations qu'il serait difficile de terminer par tout autre moyen.

VII.

De la séparation des patrimoines comparés.

La transmission d'une succession grevée de dettes et de charges considérables peut avoir des conséquences ruineuses , non-seulement pour l'héritier acceptant , mais aussi pour les créanciers de cette succession. Un père meurt laissant à son fils 100,000 fr. de dettes. Le fils, qui a 100,000 fr. de dettes et pas de biens, accepte purement et simplement cette succession. Qu'arrive-t-il? C'est que les dettes du père se confondant avec celles du fils , les créanciers de ce dernier pourront se faire payer concurremment avec ceux du père sur les cent mille francs de biens de la succession. En sorte que les anciens créanciers, qui auraient pu être payés intégralement du vivant du père , forcés de partager l'actif de sa succession avec ceux du fils, ne recevront plus que la moitié de leur créance. Mais la loi , qui a pourvu par l'institution du bénéfice d'inventaire aux intérêts de l'héritier saisi d'une succession onéreuse ou qui présente des chances de perte , a mis aussi les créanciers à l'abri des préjudices que pouvait leur causer la transmission héréditaire des biens qui sont leur gage , en organisant en leur faveur *la séparation des patrimoines comparés.*

La séparation des patrimoines consiste , en ce que les créanciers d'une succession qui craignent de voir diminuer leurs sûretés, par suite de la confusion qui s'opérera entre les charges personnelles de l'héritier et celles du défunt, peuvent dans tous les cas et contre tous autres créanciers , demander que les deux patrimoines demeurent distincts et qu'ils soient payés avant tout autre sur les biens de la sucession qui était leur gage (878).

VIII.

La séparation demandée et obtenue ne requiert l'accomplissement d'aucune autre formalité pour avoir son plein et entier effet en ce qui concerne la partie mobilière de la succession. Mais il n'en est pas de même des immeubles. Pour conserver leur privilége sur cette dernière espèce de biens, les créanciers devront en outre prendre inscription dans les six mois à compter de l'ouverture de la succession (2111).

Avant l'expiration de ce délai, aucune hypothèque ne peut être établie avec effet sur ces biens à leur préjudice.

Le terme de six mois est de rigueur pour acquérir un droit absolu de préférence. Le créancier qui ne se mettrait pas en règle dans ce laps de temps, aurait bien encore une créance hypothécaire, mais il serait primé par les créanciers de l'héritier qui auraient pris inscription avant lui (2113).

IX.

L'action en séparation des patrimoines se prescrit relativement aux meubles par le laps de trois ans. Le législateur a supposé qu'au bout de ce temps les meubles de la succession sont confondus avec ceux de l'héritier de manière à ne pouvoir plus se distinguer. A l'égard des immeubles, l'action peut être exercée tant qu'ils existent dans la main de l'héritier (880). Toutefois, il va sans dire que si après les six mois que la loi réserve aux créanciers de la succession pour assurer leurs droits, l'héritier hypothèque ces immeubles, l'hypothèque sera valable, et le droit de demander la séparation deviendra à peu près inutile.

Une autre cause de déchéance de ce droit, c'est l'acceptation de l'héritier pour débiteur. En effet, du moment que cette acceptation a eu lieu, il y a novation dans la créance ; la dette ne pèse plus sur la succession , mais bien sur l'héritier, qui a été substitué au lieu et place du défunt.

X.

La séparation des patrimoines a été instituée uniquement en faveur des créanciers de la succession. Les créanciers de l'héritier ne sont point admis à demander cette séparation, quoiqu'il puisse arriver aussi que la confusion des biens et dettes du défunt avec les biens et dettes de l'héritier, leur occasionne de grands préjudices (881). Mais « tant pis pour ceux qui contractent avec un individu assez imprudent pour accepter purement et simplement une succession onéreuse. » Quant aux créanciers de la succession qui n'ont suivi que la foi et la solvabilité du défunt, ils n'ont aucun reproche semblable à se faire. Ils n'ont point traité avec l'héritier, qui ne se trouve obligé envers eux que comme représentant du défunt, dont il prend les biens.

XI.

Les théories que nous venons d'exposer, quoique fort simples en apparence, ont donné lieu néanmoins à de graves difficultés. Nous allons rapporter ici les principales questions qui se sont élevées sur ces matières, avec les réponses que nous avons cru devoir adopter.

1º Le bénéfice d'inventaire est inhérent à la dévolution au profit de l'état en cas de déshérence, et en général aux successions irrégulières. En est-il de même des légataires universels ou à titre universel?

OUI, si au décès du testateur il y a des héritiers auxquels le lé-gataire soit tenu, en vertu de l'article 1004, de demander la délivrance des biens compris dans le testament.

NON, s'il n'y a point d'héritier à réserve et qu'il soit saisi de plein droit en vertu de l'article 1006.

2º Le testateur peut-il interdire à son légataire ou héritier institué le bénéfice d'inventaire, comme, condition de sa disposition ? OUI.

3º L'acceptation bénéficiaire est-elle toujours préférable à la renonciation ? NON.

4º L'article 800 déclare l'héritier déchu du droit d'accepter sous bénéfice d'inventaire, lorsqu'après l'expiration des délais légaux et judiciaires, il a été condamné en qualité d'héritier pur et simple. Dans cette situation, l'héritier est-il déchu *erga omnes*, ou seulement à l'égard du créancier à la poursuite duquel il a été condamné ? Seulement à l'égard de ce dernier (1351).

5º L'héritier qui, après avoir accepté bénéficiairement, vend ses droits successifs, tombe-t-il sous le coup de l'article 780, et devient-il héritier pur et simple ? NON.

6º Si l'héritier vend, sans remplir les formalités prescrites, (Art. 805 et 806) les biens de la succession, la vente est-elle valable ? OUI.

7º Lorsque la succession a été acceptée sous bénéfice d'inventaire, les créanciers du défunt ont-ils intérêt à demander de leur chef la séparation des patrimoines ? OUI.

8º La séparation des patrimoines est-elle un privilége proprement dit ? NON.

9º La séparation des patrimoines modifie-t-elle les relations qui existent entre les créanciers du défunt ? NON (211).

10º L'inscription prescrite par l'article 2111, confère-t-elle au créancier un *droit de suite ?* Oui, si elle a été prise avant l'aliénation, ou dans la quinzaine à partir de la transcription de l'acte (C. Pr. 834).

XII.

Notions historiques sur le bénéfice d'inventaire.

Dès avant Justinien, le Droit Romain nous offre une institution qui, sans être précisément le bénéfice d'inventaire, en produisait cependant les principaux effets : c'était le *jus deliberan i*. Ce droit consistait dans un espace de temps accordé par le préteur à l'héritier appelé, pour examiner s'il lui convenait ou non d'accepter l'hérédité. La durée de ce temps n'avait rien de bien déterminé ; elle variait suivant les personnes et les circonstances. Mais elle était en général suffisante pour que l'héritier pût s'éclairer sur la valeur réelle de la succession ouverte et la répudier si elle lui paraissait onéreuse.

C'était déjà quelque chose que de pouvoir ne se déterminer qu'après examen. Mais Justinien ayant remarqué avec juste raison, qu'il arrivait souvent que dans la crainte qu'il n'y eût des dettes cachées, ou faute de pouvoir apprécier avec exactitude la valeur d'une hérédité, on renonçait à des successions avantageuses, il décida que les héritiers pourraient, en faisant un bon et fidèle inventaire des biens de l'hérédité, n'être tenus des charges qu'*intra vires*, réclamer leurs propres créances, etc.

Cette institution passa dans notre législation ancienne, telle que Justinien l'avait organisée, sauf quelques légères différences entre les pays de droit écrit et les pays de coutumes. Les rédacteurs du Code l'acceptèrent également en se contentant d'ajouter à la formalité de l'inventaire, celle de la déclaration au greffe du tribunal dans le ressort duquel la succession s'est ouverte.

DROIT COMMERCIAL.

Des livres de commerce.

I.

De toutes les relations privées des hommes entre eux , les opérations commerciales sont , sans contredit , celles qui mettent en jeu et qui peuvent léser le plus grand nombre d'intérêts à la fois. Que de personnes peuvent se trouver atteintes par la faillite d'un seul négociant ! D'un autre côté , ces opérations, par leur multiplicité et leur rapidité même , répugnent à l'emploi des formes prescrites par le législateur pour la constatation des contrats et des transactions ordinaires. Comment donc avoir jour sur les affaires commerciales ? comment se procurer les éléments nécessaires pour juger les nombreuses contestations qui doivent en résulter ? En exigeant des négociants qu'ils en tiennent note eux-mêmes et qu'ils en écrivent, pour ainsi dire , l'histoire. De là les livres de commerce. Nous allons examiner au sujet de ces livres , 1° leur nombre et leur objet , 2° leur forme , 3° leur valeur en justice , 4° la sanction des dispositions de la loi qui en exigent une tenue exacte et régulière.

II.

Les livres que tout commerçant est tenu d'avoir aux termes de la loi sont au nombre de trois :

1° Le livre-journal,
2° Le livre de copies de lettres,
3° Le livre des inventaires.

Livre-journal. — Ce livre, comme son nom l'indique assez, doit être tenu jour par jour. Le négociant est tenu d'y inscrire, non-seulement ses opérations commerciales, mais encore tout ce qu'il reçoit et paye, à quelque titre que ce soit, tout ce qui peut influer d'une manière quelconque sur sa fortune ou son crédit : les successions qui peuvent lui échoir, la dot de sa femme, les dépenses de sa maison. Toutefois, il suffit pour ce dernier article d'une énonciation en bloc à la fin de chaque mois.

Livres de copies de lettres. — Ce livre doit renfermer la copie de toutes les lettres que le négociant adresse à ses correspondants.

Livre des inventaires. — L'article 9 oblige tout commerçant à faire sous seing privé, un inventaire annuel de ses effets mobiliers et immobiliers, et de ses dettes actives et passives, tant pour lui donner occasion de réfléchir par la comparaison de ses bénéfices et de ses pertes, à la direction qu'il doit donner à ses affaires, que pour initier au besoin la justice à tous les détails de sa position financière. Le livre dont nous parlons ici est destiné à recevoir copie de ces inventaires.

III.

Pour que la justice puisse avoir quelque foi aux livres des commerçants, il faut que ces livres ne puissent pas être aisément falsifiés. De là les formalités auxquelles le législateur les a soumis. Premièrement, ces livres seront tenus par ordre de dates, c'est-à-dire datés par an, mois et jour, et écrits au jour la journée, à mesure de chaque vente, paiement, etc. Secondement, ils seront sans blancs ni lacunes, ni transports en marge ; troisièmement, ils seront visés, cotés et paraphés une fois par an, soit par un des juges des tribunaux de commerce, soit par le maire ou un adjoint. Le livre de copies de lettres est dispensé de cette dernière formalité.

IV.

En cas de contestation, le livre-journal est celui auquel la justice accorde le plus de confiance. Les autres ne sont guère consultés qu'à titre de renseignement.

Les livres d'un commerçant font toujours preuve contre lui, de quelque espèce qu'ils soient et de quelque manière qu'ils soient tenus (Code Nap. 1330). Ils ne peuvent faire preuve en sa faveur que dans ses débats avec d'autres commerçants et pour faits de commerce. Encore le législateur ne fait-il pas une obligation au juge de les admettre ; il lui en donne seulement la faculté, *lorsqu'ils sont régulièrement tenus*. Le possesseur d'un livre informe ne peut en aucun cas en exciper en sa faveur.

En obligeant les commerçants à tenir des livres qui leur permissent de justifier à tout moment de leur situation, il était à craindre qu'on n'en abusât pour pénétrer quand on voudrait dans le secret de leurs affaires. Aussi la loi a-t-elle spécifié les cas dans lesquels on pourrait les examiner en entier. Le plus souvent elle ne permet que d'en extraire ce qui est relatif à la contestation.

V.

Le législateur n'a pas édicté de peine positive contre le commerçant qui tiendrait ses livres irrégulièrement, ou même qui n'en tiendrait pas du tout. Mais il y a néanmoins des dispositions qui atteignent indirectement une si coupable négligence.

1° Comme nous l'avons déjà dit, nul ne peut exciper en sa faveur d'un livre irrégulièrement tenu.

2° L'article 587 permet de déclarer banqueroutier simple, le commerçant failli qui n'a pas tenu de livres ou qui les a tenus irrégulièrement, même quand il est prouvé qu'il n'y a point fraude de sa part.

3° Enfin, tout commerçant failli qui n'a pas tenu de livres est exposé à se voir accusé de les avoir soustraits, et à être poursuivi, en vertu de l'article 591, comme banqueroutier frauduleux.

DROIT ADMINISTRATIF.

De la compétence administrative et judiciaire en matière de marchés publics.

I.

On appelle marchés publics les traités passés par les ministres , les préfets , les départements , les communes , les établissements publics avec de simples particuliers ou des compagnies , soit pour fournitures à faire ou pour travaux à exécuter. Le droit de conclure et de résilier ces sortes de marchés appartient évidemment aux agents de l'administration et aux représentants des communes ou établissements publics. Mais à qui appartient-il de connaître des contestations qui peuvent en résulter ? Est-ce aux tribunaux civils ou aux tribunaux administratifs , ou bien encore aux uns et aux autres selon les circonstances ? Telle est la question que nous allons essayer de résoudre , en nous appuyant à la fois sur les principes , la législation et la jurisprudence.

II.

Selon M. Chauveau , toute contestation dans laquelle un intérêt spécial émanant de l'intérêt général se trouve en contact avec un droit privé , est de la compétence des tribunaux administratifs. De ce principe qui nous paraît incontestable, nous tirerons d'abord avec le même auteur la conclusion suivante : que les marchés des départements , des établissements publics, qui ne sont que des personnes morales privées . ne sont point de la compétence des tribunaux administratifs , mais bien de celle des tribunaux civils. Il est vrai que le Conseil d'Etat a souvent jugé , contrairement au principe que nous adoptons (20 juillet 1807. — 1er juin 1828. — 4 février 1859). Mais la cour de cassation s'est, au contraire, prononcée dans bien des cas dans le sens de ce même principe (11 mars 1859, 5 février 1841). Quant à la loi , elle garde le silence sur cette matière , et il est permis de croire quelle se serait expliquée catégoriquement si elle avait entendu la soustraire à la compétence que les principes lui assignent naturellement.

III.

Restent les marchés conclus au nom de l'état par les ministres ou autres agents de l'administration , tels que fournitures pour les troupes , même en temps de paix , marchés pour pouvoir exécuter les grands travaux , etc. Ceux-là , présentant au plus haut degré les caractères indiqués par notre principe , tombent sans difficulté dans la compétence administrative. Ainsi les ministres jugent directement toutes les contestations relatives aux marchés passés personnellement avec eux , et après instruction des préfets , dans les autres cas. Ainsi les conseils de préfecture sont compétents pour tout ce qui a rapport aux travaux publics , sauf un petit nombre de cas réservés au ministre. (Pour la compétence des ministres. — Décret du 11 juin 1806 , art. 14, et arrêté du 9 Thermidor, an IX. — Pour les conseils de préfecture, loi du 28 pluviôse, an VIII). Toutefois, même dans ces sortes d'affaires, il s'élève souvent des incidents , des questions de détail dont les tribunaux civils ont seuls le droit de connaître. Une contestation s'élève à propos d'un marché de fournitures , entre le ministre et un fournisseur au sujet d'une pièce que l'un déclare fausse et l'autre authentique. Evidemment , les tribunaux administratifs n'ont point qualité pour vider le débat, le faux étant un incident purement civil. Les grands travaux d'utilité publique, les marchés ou fournitures qui concernent l'état , donnent souvent lieu à des conventions privées entre les adjudicataires ou fournisseurs et des tiers ou sous-traitants. Evidemment encore les contestations qui peuvent naître de ces conventions privées sortent de la sphère du contentieux administratif. Sans doute, elles dérivent d'un marché passé avec l'état , mais ce n'est pas l'état qui est en cause. Le débat ne roule que sur un intérêt privé en contact avec un autre intérêt privé. Il n'y a pas lieu à appliquer notre principe. Les tribunaux civils sont seuls compétents.

IV.

Disons donc : 1º que les fractionnements du territoire, département-ments , communes , établissements publics , ne formant que des personnes morales privées , les contestations relatives à leurs marchés sont de la compétence exclusive des tribunaux civils ; 2º que même dans les marchés de l'état , qui, en principe , rentrent dans le contentieux administratif , il y a souvent matière à jugements civils. Mais dans une question aussi complexe et aussi controversée , c'est peu d'avoir posé des principes généraux. Le plus sûr et le plus court , c'est encore de descendre dans les détails et de procéder par voie d'énumération. Nous allons donc énumérer ici la plupart des cas dans lesquels la doctrine et une jurisprudence constante reconnaissent la compétence , soit des ministres , soit des conseils de préfecture. Après quoi nous citerons un certain nombre d'espèces dans lesquelles les tribunaux civils ont été appelés à prononcer soit isolément , soit concurremment avec l'autorité administrative et avant sa décision définitive.

V.

Nous avons déjà dit que les marchés de fournitures sont placés dans les attributions contentieuses des ministres, tandis que la compétence pour les marchés de travaux publics appartient aux conseils de préfecture (Loi du 28 pluviôse an VIII). Occupons-nous d'abord de la compétence ministérielle.

Les ministres sont compétents chacun en ce qui les concerne :

1° Pour interpréter les clauses et conditions des traités passés avec les fournisseurs ;

2° Pour décider à quelle époque doit remonter la résiliation, lorsque les parties ont stipulé, qu'elles auraient respectivement la faculté de résilier et que l'une d'elles a usé de ce droit (**22 février 1838. — 17 août 1825**) ;

3° Pour connaître de la nature de l'existence et de la validité des marchés, et de la qualité soit des fournisseurs, soit des agents qui les ont conclus (**13 février 815, 10 juillet 1822**) ;

4° Pour résoudre les difficultés relatives à l'exécution des marchés (**11 avril 1537. — 14 juillet 1838**) ;

5° Pour statuer sur le résultat des résiliations des marchés prononcées par l'administration (trois ordonnances rendues dans la même affaire, **28 février 1834, 8 janvier 1836, 22 janvier 1840**) ;

6° Pour prononcer la résiliation dans l'intérêt de l'entrepreneur, lorsque celui-ci a de justes motifs de la demander (**8 mars 1827**) ;

7° Pour statuer sur la liquidation des marchés et sur le réglement des titres de créance (**28 mars 1816. — 8 février 1833. — 20 mai 1829. — 4 février 1836**) ;

8° Pour juger les contestations qui s'élèvent entre les particuliers et les régies établies par le gouvernement ou les agents des diverses régies, à l'occasion du paiement des fournitures faites pour le compte de l'État (Arrêté du 19 Thermidor, an XI) ;

9° Pour statuer sur toutes les contestations relatives à des fournitures pour le compte de l'état, quoiqu'il n'existe pas de marché écrit, et pour liquider les créances des fournisseurs (26 février 1817) ;

10° Le ministre de la guerre est compétent pour prononcer sur l'admission ou le rejet définitif des pièces sortant des manufactures chargées de confectionner les étoffes pour les troupes, lorsque ces pièces, revêtues du plomb de l'inspecteur, ont été rejetées par le conseil d'administration (Décret du 22 avril 1812).

VI.

En matière de travaux publics, *le contentieux* appartient aux conseils de préfecture. Nous disons *le contentieux*, car s'il s'agissait de constater l'existence même d'une adjudication, ou d'en apprécier la validité, ces conseils ne seraient plus compétents. Ainsi, 1° les conseils de préfecture connaissent de toutes les contestations qui s'élèvent sur le sens et l'interprétation des clauses de l'adjudication et sur l'exécution des travaux, entre les entrepreneurs et l'administration ;

2° Sur les réclamations des particuliers qui se plaindront de torts et dommages procédant du fait personnel des entrepreneurs et non du fait de l'administration ;

3° Sur les demandes et contestations concernant les indemnités dues aux particuliers, à raison des terrains pris et fouillés pour la confection des chemins, canaux, et autres ouvrages publics. (Loi du 28 pluviôse déjà citée.)

4° Lorsque l'administration fait confectionner elle-même les travaux, les difficultés que fait naître l'exécution des conventions intervenues entre les agents chargés de la direction des travaux et les ouvriers par eux employés, sont de la compétence des conseils de préfecture. L'action serait judiciaire si les ouvriers avaient traité avec un entrepreneur (6 juin 1807).

VII.

En principe, toute question de droit privé, qui ne peut être résolue que par les moyens du Droit Civil, est de la compétence exclusive des tribunaux judiciaires. Appliquant cette maxime à la matière qui nous occupe, nous dirons que, toutes les fois qu'à l'occasion de traités passés avec l'administration il se forme des engagements ou des conventions entre des particuliers intéressés plus ou moins directement à l'entreprise, et qu'il en résulte des contestations, c'est aux tribunaux civils et non aux tribunaux administratifs qu'il appartient d'en connaître. Ces principes ont été consacrés par une jurisprudence à peu près constante. Ainsi les tribunaux ont prononcé :

1º Sur les difficultés aux quelles donne lieu l'exécution des traités et conventions passés entre les fournisseurs et leurs agents, sous traitants ou simples particuliers (31 mai 1807, 18 août 1807, 22 janvier 1827).

3º Sur les marchés conclus verbalement ou par écrit par les entrepreneurs pour l'extraction de matériaux dans des propriétés particulières (20 novembre 1815, 4 juin 1823).

4º Sur les contestations qui s'élèvent entre les divers associés à une entreprise de travaux publics (7 août 1810, 23 septembre 1810).

Vu par le Président de la Thèse.

BRESSOLLES (Gustave).

Cette Thèse sera soutenue le 12 Avril 1854, dans une des salles de la Faculté de Droit de Toulouse.